La fame felle et vanne.

Le faux instinct

Les menteurs qui ne mentent
point.

Les femes scavantes.

Le gentilhomme guespin.

Le Bourgeois gentilhomme.

LA FEMME

FILLE

ET VEUVE

COMEDIE.

Par M. LEGRAND, Comedien du Roy.

Le prix est de dix-huit sols.

A PARIS,

Chez PIERRE RIBOU, sur le Quay des Augustins, à la descente du Pont-Neuf, à l'Image Saint Loüis.

M. DCC VII.
AVEC PERMISSION.

ACTEURS

ORONTE, Pere d'Elise & d'Angelique.

ELISE,
ANGELIQUE, } Filles d'Oronte.

LISIMON, Ami de Philidor & d'Oronte.

HORTENSE, Femme de Lisimon, Cousine d'Elise & d'Angelique.

PHILIDOR, Amant d'Elise.

DORANTE, Amant d'Angelique.

DARDIBRAS, Gascon.

FATIGNAC, Limosin.

LISETTE, Suivante d'Hortense.

VALENTIN, Valet d'Oronte.

La Scene est à Paris dans une maison occupée par Oronte, & par Lisimon.

LA FEMME

FILLE

ET VEUVE

COMEDIE.

SCENE PREMIERE.

HORTENSE LISETTE.

HORTENSE *en deüil.*

POURQUOY me regarder, Lisette, &
que veut dire...
Tu ris ?

LISETTE.
Et le moyen de s'empêcher de rire,
De pleurer avec vous fut-il jamais saison ?

A

Et quoique le grand deüil soit dans vôtre maison,
Loin d'y paroître triste, ou faire la pleureuse ,
Peut-on y demeurer seulement serieuse ?
Vous inspirez la joye aux gens les plus chagrins.
Nous ne voyons céans que bals & que festins,
Cependant cet habit . . .

HORTENSE.

      Ce n'est qu'un deüil de tante,
Qui nous laisse en mourant deux mille écus de
  rente ,
Tante de mon Epoux encor, & dont les biens . . .

LISETTE,

Si vous pleurez ainsi vos parens & les siens ,
Et s'il pleure de même & les siens & les vôtres ,
Quand l'un de vous mourra, nous en verrons bien
  d'autres.

HORTENSE.

La difference est grande & j'aime mon Epoux.
Comment ne pas l'aimer ? il est affable , doux,
Ni trop vieux ni trop jeune , enfin dans le bon âge.
Depuis un mois entier que je suis en menage,
Avec luy m'as-tu veu le moindre differend ?

LISETTE

Aucun, & c'est encor ce qui plus me surprend.
Car de quelques vertus dont elles soient doüées,
Les maris n'aiment point ces femmes enjoüées,
Dont les yeux semblent tout promettre d'un
  regard ,
Quoique souvent le cœur n'y prenne aucune part,
Dont le souris flateur, la paupiere assassine
Donne à tous de l'espoir , & fait qu'on s'imagine. . .
Que sçai-je moi, ma foi, si j'étois vôtre Epoux. . .

HORTENSE.

Jusqu'ici Lisimon n'a point parû jaloux,

Il le feroit à tort, en tout je le contente.
Ses intimes amis, Philidor & Dorante,
Des pays Etrangers depuis peu revenus,
Sont ceux dans mes plaisirs qui se trouvent le
    plus.
Mais ils vont épouser mes charmantes cousines
Les deux filles d'Oronte.

                LISETTE.
            Ah ! Ah ! nos deux voisines?
        HORTENSE.
Oüi L'hymen va dans peu couronner leur amour,
Puisqu'enfin de Bordeaux Oronte est de retour ;
Ces deux filles & moy nous avions fait partie,
Quand chacune à son gré se verroit assortie,
De nous faire epouser toutes trois même jour ;
Mais comme on ne peut par répondre de l'amour,
J'ai devancé d'un mois.

                LISETTE.
            On se lasse d'attendre.
        HORTENSE.
Lisimon me plaisoit.

                LISETTE.
            Faut-il pas toûjours prendre ?
        HORTENSE.
Mais je vais travailler pour elles maintenant.
A chacune donner pour Epoux son amant.
Philidor aime Elise, & Dorante Angelique,
Oronte donnera son aveu sans replique
Dés qu'il sçaura...

                LISETTE.
            Comment il n'a donc pas appris ?
        HORTENSE.
Non, ce n'est que d'hier qu'Oronte est à Paris.
Depuis trois mois entiers qu'il est à son voyage

                A ij

A difputer d'un oncle un ancien héritage,
Nous n'avions point reçû de nouvelles de luy,
Nous n'avions point écrit non plus , mais aujour-
    d'huy
Lifimon s'eft chargé de faire la demande.
Et je ne penfe pas qu'Oronte s'en deffende
Etant de nos amis , étant de nos parens,
Chériffant mon mary dés fes plus jeunes ans,
Il ne nous faudra point tant de cerémonies ;
Et ce n'eft pas d'ailleurs un de ces grands genies.
Il fait tout ce qu'on veut , il croit tout ce qu'on
    dit.
Il dit tout ce qu'il fçait.

LISETTE.

                  Pefte le rare efprit !
Ah ! puifqu'il eft fi bon , nous obtiendrons fes
    filles ,
De ces Meffieurs , fans doute , il connoît les fa-
    milles ?
Mais les voici tous deux , & vôtre Epoux auffi,
Que nous allons dancer !

SCENE II.

LISIMON, PHILIDOR, DORANTE, HORTENSE, LISETTE.

HORTENSE.

AH ! Messieurs vous voici.
Bonjour , beau Philidor , bonjour charmant
    Dorante ,
Bonjour mon cher mari
LISIMON.
        Ton âme est bien contente,
Mais ma foy voici bien des affaires.
HORTENSE.
              Comment ?
LISIMON.
Tu n'as qu'à regarder & l'un & l'autre amant ,
Et tu devineras.....
HORTENSE.
      Quoy le Cousin Oronte... ;
LISIMON.
Tu m'en vois de retour avec ma courte honte.
Ce vieux rêveur ameine avec lui deux Barons.

            A iij

L'un Baron de Gascogne, & des plus fanfarons ;
Et l'autre Limosin, des plus sots de son âge.
Il les a rencontrez en faisant son voyage.
Le Gascon, m'a-t-on dit, est un mince Egresin
Appellé Dardibras, & pour le Limosin
Il a nom Fatignac : il n'a jamais je pense
Vû que l'arriere-ban.

HORTENSE.

Oronte est en enfance !
Que veut-il faire, dis, de ces deux malotrus ?

LISIMON.

Ses Gendres.

HORTENSE.

Bon, tu ris ?

LISIMON,

Je te dirai bien plus ,
Il a fait deux dédits d'une somme trés forte.

HORTENSE.

Peste soit du vieux fou, que le diable l'emporte ;
Mes cousines sans doute en sont au desespoir ?

DORANTE.

Leur recours est en vous.

HORTENSE.

Eh bien, il faudroit voir ;

PHILIDOR.

Employez vôtre esprit, employez vôtre adresse,
Au nom de vôtre époux ; au nom de sa tendresse ,
Rompez ce coup fatal, tâchez . . . .

HORTENSE.

C'est assez dit,
Il ne faut que tirer l'un & l'autre dédit
Des mains de vos rivaux ? j'entreprens vôtre af-
faire.
Je joüerai bien mon rolle, allez, laissez-moi faire ;

Sçait-on point à peu prés quelle est leur passion ?

DORANTE.

On dit qu'ils sont tous deux pleins de presomption.

HORTENSE.

C'est ce que je demande, il faut que mes cou-
    sines
Parroissent devant eux, mécontentes, chagrines;
Qu'elles ne daignent pas même les regarder.

LISIMON.

On n'aura pas besoin de leur recommander.

HORTENSE.

Comptez donc sur mes soins, je sçai par où m'y
    prendre.
Mais à propos avant que de rien entreprendre,
Mon mari, suis-je libre, & tout m'est-il permis ?

LISIMON.

Tout ce que tu feras pour servir nos amis,
Quelque détour hardy, quelque effort que tu
    tentes,
Pour leur faire épouser tes aimables parentes,
J'aprouve tout.

HORTENSE.

        Suffit, je vais aller bon train,
Lisette, il faut ici seconder mon dessein.

PHILIDOR.

Ne l'abandonne pas, Lisette je te prie,

LISETTE.

L'abandonner, Monsieur, il iroit de la vie
Que je ne voudrois pas la quitter un moment;

HORTENSE.

Oronte vient, je rentre en mon appartement.
Son aspect ne feroit que me mettre en colere.
Tâchez de le gagner, & qu'il nous laisse faire.
Toy, Lisette, suis-moy, nous allons concerter;

Comment dans mon projet, il faut nous com-
porter.

SCENE III.

ORONTE, LISIMON, DORANTE,
PHILIDOR, ELISE,
ANGELIQUE.

ELISE.

EH de grace, mon Pere.
                    ANGELIQUE.
                              Eh ! je vous en conjure,
N'usez point envers nous des droits de la nature.
Ne nous contraignez point.
                    ORONTE.
                              Ecoutez mes enfans,
Les dédits sont chacun de douze mille francs.
Je ne sçaurois payer une somme si forte,
Epousez ces gens-ci toûjours, que vous importe,
Allez, une autre fois, je vous choisirai mieux.
                    LISIMON.
Le beau raisonnement !
                    ORONTE.
                              L'âge ouvre bien les yeux.
Je sçaurai désormais . . . .

LISIMON.

Il en fera de belles.

ORONTE.

Ah ! c'eft toi, Lifimon?

LISIMON.

Allez Mesdemoifelles ;
Laiffez faire, Monfieur, il faura tout gâter,
Qu'il a fait un beau coup, il doit bien s'en vanter.

ORONTE.

Coufin je te promets......

LISIMON.

Laiffez-moi là de grace,
Je ne veux point vous voir.

ORONTE.

Que veux-tu que je faffe?
Ces dédits....

PHILIDOR..

S'il le faut, Monfieur, nous les payerons.

ORONTE.

Vous les payerez, oh ! oh !

LISIMON.

Non, non, vos deux Barons
Valent bien ces Meffieurs, gardez-les.

ORONTE.

Je vous jure
Que j'en fuis fort fâché, Meffieurs, je vous affure,
Par raport au Coufin Lifimon vôtre ami.

LISIMON.

Autre beau compliment.

ORONTE.

Oh ! j'étois endormy
Quand je....

LISIMON.

Mais à prefent voyant vôtre fotife,

La réparerez-vous ?

ORONTE.

Que faut-il que je dise ?

LISIMON.

Rien, laissez-nous agir.

ORONTE.

Mais quoi ne dire rien?

LISIMON.

Non rien, soyez tranquile.

ORONTE.

Allons, je le veux bien.

LISIMON.

Sans payer les dédits, vous sortirez d'affaire.

ORONTE.

Faites donc, je m'en vais passer chez mon Notaire.

LISIMON.

N'allez pas lui parler ...

ORONTE.

Oh! je n'ay garde, adieu.

SCENE IV.

LISIMON, DORANTE, PHILIDOR, ELISE, ANGELIQUE.

ELISE.

Enfin cher Philidor....

LISIMON,

Bon , voici bien le lieu
De pousser des soupirs.

DORANTE.

Adorable Angelique..?

LISIMON.

A l'autre, détalez

ANGELIQUE.

S'il faut que je m'explique.

LISIMON.

Vous vous expliquerez . . . mais quelqu'un vient
à nous.
Rentrez.

SCENE V.

LISIMON, DORANTE, PHILIDOR, ELISE , ANGELIQUE , VALENTIN.

ANGELIQUE.

C'Est le valet de mon pere.

VALENTIN.

Et de vous?

ELISE.

Que veux-tu, Valentin?

VALENTIN.

Ces Meſſieurs vous demandent,
Ils ſont dans vôtre chambre attendant.

ANGELIQUE.

Qu'ils attendent.

LISIMON.

Non, Couſine, au contraire, il faut les recevoir,
Mais ſi mal que jamais ils ne veuillent vous voir.

ANGELIQUE.

Nous vous obéïrons, Couſin, je vous aſſure.
Sans adieu.

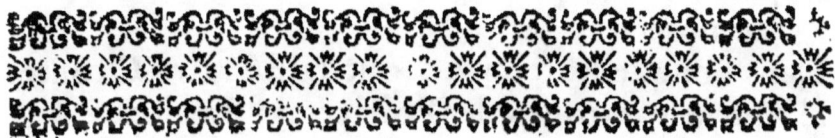

***

SCENE VI.

LISIMON, DORANTE, PHILIDOR, VALENTIN.

LISIMON. *arrêtant Valentin*

Valentin dis-moi par avanture
L'argent te tente-t'il quelque fois.

VALENTIN.

Grandement.
Faut-il le demander, Monſieur, je ſuis Normand.
Et d'hier ſeulement j'arrivai de Gaſcogne.

DORANTE.

Eſt-ce qu'en ce pays.

VALENTIN.

VALENTIN.

　　　　　　　Sur un denier l'on rogne
Nôtre Gascon sur tout, l'un de ces prétendus
Qui viennent de mon maître épouser les Ecus.

PHILIDOR.

Il aime donc l'argent.

VALENTIN.

　　　　　　　Vrayement, dans le voyage
Il n'a pas dépensé quarante sols je gage,
Il vivoit aux dépens du sot de Limosin,
avant de nous avoir rencontré ; mais enfin
Depuis ce temps tous deux sans demander le
　　compte
Dans chaque hôtelerie, ont laissé faire Oronte.
Il a payé par tout, de Poitiers à Bordeaux,
Et de Bordeaux icy. Ces maudits houbereaux...

LISIMON.

Puisque tu les haïs tant, & que l'argent te tente,
Tiens sers leurs deux rivaux qu'ici je te presente
tu t'en trouveras bien.

DORANTE *luy donnant de l'argent.*

　　　　　　　Voilà pour commencer,

PHILIDOR *luy donnant de l'argent.*

Accepte encor cela.

VALENTIN.

　　　　　　　Je prens sans balancer,
Et je vous veux servir du meilleur de mon âme.

LISIMON.

Tu n'auras seulemeut qu'à seconder ma femme.
Elle entreprend ...

VALENTIN.

　　　　　　　Monsieur quelque dessein qu'elle ait,
Je suis persuadé qu'il aura son effet.
J'ai connû vôtre femme étant petite fille,

　　　　　　　　　　　　　B

Qu'elle étoit éveillée, & qu'elle étoit gentille!
Malicieuse! allez je sçai l'esprit qu'elle a,
Nous nous sommes connus pas plus grands que
    cela.   LISIMON.

Bon, tu serois son pere.

        VALENTIN.

                Oüi cela pourroit être.
Sa mere m'aimoit fort, je l'ai bien sçû connoître
Quand en partant ...

        DORANTE.

            Laissons d'inutiles discours
Qui pour le temps present ne sont d'aucun secours,
Et fais nous seulement recit de ce voyage,
Peut-être en-pourrons-nous tirer quelque avantage.

        VALENTIN.

Au sortir de Paris ... nous couchâmes à Meaux.

        PHILIDOR.

Bon, en Brie. Est-ce là le chemin de Bordeaux?

        VALENTIN.

Eh! doucement, Monsieur, tous chemins vont à
    Rome,
Commençons par Poitiers. Dans un logis qu'on
    nomme ...
N'importe. Le Gascon avec le Limosin
Qui s'étoient accostez dés long-tems en chemin,
Se trouvant à l'auberge avec Monsieur Oronte
Nous soupons, ... le Gascon nous fait conte sur
    conte;
Le Commandeur mon oncle, & le Duc mon
    cousin,
On fait ceci, cela, que vous dirai-je enfin:
La conversation sur les femmes & filles
Vient à tomber. Vrayement j'en ai deux fort gen-
    tilles.

Dit mon benêt de Maître, elles vallent beaucoup:
En parlant, il buvoit toûjours le petit coup,
Ah! que je voudrois bien qu'elles fussent pourveües,
Elles auront du bien. Si vous les aviez vuës
Vous en feriez charmez, elles sont belles ... bon
Il ne faut que vous voir, interrompt le Gascon,
Pour juger qu'elles sont d'une beauté parfaite.
Si vous voulez, Monsieur, c'est une affaire faite,
J'en épouse une. Et moi, dit nôtre autre hébété,
Qui jusques là, n'avoit encore qu'écouté:
J'epouse l'autre. Allons à leur santé, beau-pere,
Tope, masse, voilà comme ils ont fait l'affaire.

PHILIDOR.

Mais ces dédits ...

VALENTIN.

                    Sur l'heure il leur vient du papier.
Mon Maître signe tout, & se laisse lier
Comme un vrai sot qu'il est, il s'en repent, je
          pense,
Car ses gendres tous deux remplis d'imperti-
          nences ...
Mais voici le Gascon, rentrez & promptement,
J'irai vous retrouver dans le même moment.

SCENE VII.

DARDIBRAS, VALENTIN.

VALENTIN.

Monsieur, vôtre valet.

DARDIBRAS.

Tu me vois en colere.

VALENTIN.

Comment donc, & pourquoi ?

DARDIBRAS.

Cadédis ce beau pere
à qui j'ai crû d'abord qu'étoit cette maison,
N'en tient au plus qu'un quart : gens de toute
façon,
Descendent, montent, vont, viennent, veillent,
reposent;
Et tout ainsi qu'Oronte en maîtres en disposent.
Dans son arche Noé n'eut pas tant d'animaux.
Aux bords de la Garonne à moy sont vingt Châ-
teaux,
Qui de tout le pays sont les rares merveilles.
Je les occupe seul.

VALENTIN bas.

avec quelques corneilles.

DARDIBRAS.

Que dis-tu ?

VALENTIN.

Rien, Monsieur.

DARDIBRAS,

Ce qui m'a plus surpris,
C'est le farouche abord de ces belles Iris.
De ces deux pimbrenons à qui l'on nous destine
L'une la larme à l'œil, l'autre faisant la mine,
Celle-ci parlant peu, celle là point du tout,
J'ai beau m'examiner de l'un à l'autre bout,
Je ne reconnois plus sandis le goût des femmes,
Moy dont l'aspect toûjours alluma mille flâmes.

VALENTIN.

Cela vous fâche donc ?

DARDIBRAS.

Aprés tout j'étois las,
De rencontrer par tout de faciles appas,
J'ignorois la douceur que chacun dit immense ,
De trouver en amour , un peu de résistance.

VALENTIN.

Et vous en trouverez plus que vous ne pensez,
J'ai vû tantôt des gens amoureux, empressez,
Que les filles d'Oronte (au moins en apparence)
Ne traitoient point du tout avec indifference.

DARDIBRAS.

Ah ! qu'entens-je. où sont-ils ?

VALENTIN.

A quatre pas d'ici.

DARDIBRAS.

Il faut s'instruire à fonds de cette affaire-ci.
Mais toi qui sers Oronte , avant vôtre voyage
Quelle conduite avoient ses filles ?

VALENTIN.

Mais ... trés fage,
J'en puis répondre, au moins, tant que j'en ai pris
soin.
Mais je ne dirai pas depuis que je suis loin,
Que quelques suborneurs..... ces gens-là, par
exemple,

DARDIBRAS.

Rentre dans la maison, examine, contemple,
Sois sincere sur tout, & compte aprés sur moi,
Je ferai ta fortune & j'en jure ma foi.
Je te l'ai déja dit.

VALENTIN.

Monsieur, laissez-moi faire.
bas.
Entrons, chez Lisimon pour mettre en train l'affaire,
Et sçachons les projets de sa femme.

SCENE VIII.

DARDIBRAS *seul*

Aprés tout,
Il faut examiner ce-ci de bout en bout,
Si Valentin dit vrai, Sandis quelle vergogne,
Va tomber désormais sur toute la Gascogne.
Si l'un des nourissons qu'elle estime le plus,
Si Dardibras se trouve au nombre des cocus.
Maris à qui j'ai tant donné de jalousie

Triomphez, à mon tour j'en ai l'ame saisie.
Maudit dédit par qui j'ai sçû trop m'engager.
Mardi je suis bien fou, je n'ai qu'à déloger.
Mais je n'ai pas le sol, & ce credule pere
Ne laisse pas toûjours de m'être nécessaire.
Il fournit aux dépens. Mais que vois-je en ces
    lieux
Une divinité qui me descend des Cieux,
Sans doute, je n'ai vû jamais telle merveille,
Pour sçavoir qu'elle elle est, prêtons un peu
    l'oreille.

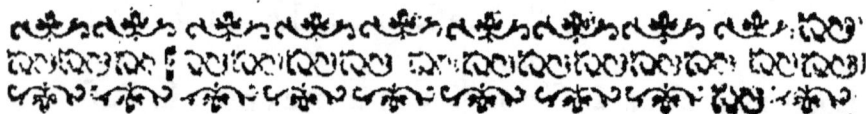

SCENE IX.

HORTENSE *faisant la petite fille innocente.*
LISETTE, DARDIBRAS.

HORTENSE *en niaise.*

OUy je veux retourner tout à l'heure au Convent.

LISETTE.

Du moins goutez un peu du monde auparavant

HORTENSE.

Moi, rester dans le monde, hélas qu'y puis-je
    faire?
Aprés avoir perdu dans un an pere & mere.

LISETTE.

Sans pere ni sans mere on y reste fort bien,

B iiij

Quand on a, comme vous, cent mille écus de bien.

DARDIBRAS *à part.*

Peste, quel heritage ?

LISETTE.

Et vôtre tuteur même
Vôtre oncle qui vous montre une tendresse ex-
     trême,
Doit-il pas vous resoudre à rester parmi nous,
Ma niéce vous dit-il, choisissez un Epoux,
Quand il seroit sans biens, qu'il soit noble &
     vous plaise,
Du choix que vous ferez, je serai toûjours aise.

HORTENSE.

Pour les hommes j'ai pris trop grande aversion.

LISETTE.

Comment avoir pour eux la moindre passion,
Vous n'en vîtes jamais. Dés vôtre tendre enfance,
Vous êtes au Convent Depuis huit jours je pense,
On vous a fait sortir pour venir en ces lieux,
D'un pere trépassant recevoir les adieux.
Quels hommes . . .

HORTENSE.

J'ai vû ceux qui venoient voir mon pere

LISETTE.

Et qui, ses médecins, & son apoticaire?
Pour donner de l'amour voilà de belles gens,
Ils sont faits pour les morts, & non pour les vivans.

HORTENSE.

Les hommes sont ils pas tous faits de même sorte?

LISETTE.

La peste que nenni, la difference est forte

HORTENSE

Quelle est la bonne espece ?

LISETTE.

En voici le portrait.

Le sourcil bien marqué, l'œil vif, le nez bien
fait,
Le corps droit, toutefois, tant soit peu sur la
hanche,
Et que la tête aussi sur l'épaule un peu panche,
C'est le bon air, la jambe, & les pieds bien tour-
nez,
Le chapeau sur l'oreille, & tantôt sur le nez.
L'estomach débraillé, la main dans la ceinture.
Et l'esprit enjoüé.

HORTENSE.

L'agréable peinture!

LISETTE.

Si vous voyez un homme aprochant de cela.
Hem.

HORTENSE.

Que je l'aimerois Lisette?

DARDIBRAS *se presentant.*

Me voilà.

HORTENSE.

Ah! fuyons.

DARDIBRAS *courant aprés.*

Arrêtez, adorable Orpheline.

HORTENSE

Non, Lisette, rentrons ... mais qu'il a bonne
mine,
Demeurons un moment pour le considerer.

DARDIBRAS.

Je ressemble au portrait; & vous veux adorer.
Belle enfant .... je suis tel que vôtre oncle sou-
haite
Noble...

HORTENSE.

Il nous écoutoit, que dirons-nous, Lisette ?

LISETTE.

Je dirai qu'en Monsieur, vous trouvez un tresor,
Noble ....

DARDIBRAS.

Quand vous auriez trouvé mon pesant d'or,
Vous auriez moins trouvé.

HORTENSE.

Je sens un trouble extrême...
Je voudrois bien sçavoir comme on dit que l'on
aime.

DARDIBRAS.

Trop aimable innocente.

LISETTE.

On ne dit point cela,
Une fille avoüer la tendresse qu'elle a,

DARDIBRAS.

Pourquoi, laissez-la dire.

LISETTE.

Un semblable langage
Ne se doit point tenir avant le mariage.

HORTENSE.

Mariée, on dit donc que l'on aime.

LISETTE.

Fort bien,
Une femme le dit quand il n'en est plus rien.

HORTENSE.

Ah ! que je le dirai.

DARDIBRAS.

Son air naïf m'enchante,
Je n'ai jamais senti d'ardeur plus violente.

HORTENSE.

Et moy je n'ai jamais senti ce que je sens.

Certain je ne fçai quoi me trouble tous les fens;
Vous en êtes la caufe.

DARDIBRAS

Ah! Ciel! je m'extafie,
Je goute le nectar enfemble & l'ambroifie,
Contemplant les appas, entendant fes difcours.

LISETTE

Couronnons promptement de fi promtes amours,

DARDIBRAS.

Comment faut-il s'y prendre ?

HORTENSE

Inftruis-nous-en, Lifette.

LISETTE

Il faut parler à l'oncle, & vôtre affaire eft faite ;
Le bon homme fera charmé de vôtre choix :
Allons-y de ce pas, & parlons-lui tous trois,
Mais que lui dirons nous ; & quel nom eft le vô-
tre ?

DARDIBRAS.

Il eft l'amour d'un fexe, & la terreur de l'autre ;
Me nommant je fuis feur de fon confentement,
De tout nôtre païs mon nom eft l'ornement,
Dardibras! Sur la terre on ne trouve point d'hom-
me
Que ce nom n'intimide, alors que je me nom-
me,
Il m'étonne moi-même.

HORTENSE

Il ne me fait point peur,
Au contraire, ce nom redouble mon ardeur.

SCENE X.

DARDIBRAS, HORTENSE, LISETTE, VALENTIN.

VALENTIN.

JE viens vous avertir que la fille d'Oronte
Vôtre Maîtreffe . . .

DARDIBRAS.
O Ciel !

LISETTE.
Que dit-il ?

DARDIBRAS.
C'eft un conte
Qu'il vient . . .

VALENTIN.
Non, par ma foi, c'eft une verité,
Vôtre femme future . . .

DARDIBRAS.
Ah ! me voilà gâté

VALENTIN.
Un homme à fes genoux . . .

DARDIBRAS.
Maraut veux-tu te taire,

LISETTE.

LISETTE.

Quoi! vous aimez ailleurs? bon Dieu, qu'allois-
   je faire?
Rentrons vîte, Monsieur n'est pas ce qu'il nous
   faut.

DARDIBRAS.

Ecoutez-moi.

LISETTE.

Non, non.

DARDIBRAS.

                Que je sois un maraut....

LISETTE *à Hortense.*

Rentrez dans le Convent pour toute vôtre vie,
Plûtôt que de souffrir ....

HORTENSE.

           Je n'en ai plus d'envie,
Je ne veux point quitter ce Monsieur-là.

LISETTE.

                       Comment?

HORTENSE.

Je ne veux point sans lui rentrer dans le Convent.
Qu'il s'y mette avec moi.

LISETTE.

              Mais vous rêvez, je pense.

DARDIBRAS.

Eh! ne la grondez point,

LISETTE.

              Oh! quelle extravagance!
Au Convent avec vous!

VALENTIN.

             Il est bon là, ma foi.

LISETTE.

Un homme!

                               C

VALENTIN *chantant.*

Ce seroit pour tout le Convent ...

DARDIBRAS,

                         Quoy !

Tu chantes, malheureux.

VALENTIN.

           C'est une chansonnette,

Monsieur, que l'on m'apprit quand je fus en re-
traite.

LISETTE.

Ca, Monsieur, en deux mots il faut nous parler
net.

Vous êtes engagé.

DARDIBRAS.

        Rien n'est encore fait.

VALENTIN.

Monsieur n'a qu'un dédit.

DARDIBRAS *à Valentin, bas*

         De quoi vas-tu l'instruire

Tais toi, ton zele ici ne fait rien que me nuire.

   à Hortense

J'ai fait avec Oronte, ainsi qu'il vous le dit,
Un papier griffoné maniere de dédit.

VALENTIN.

De quatre mille écus !

DARDIBRAS *à Valentin, bas.*

        C'est donc pour me déplaire

Que tu ...

VALENTIN.

     Vous oubliez la moitié de l'affaire

Je vous fais souvenir autant que je le puis.

DARDIBRAS.

Je m'en souviens sans toi. Je ne sçai où j'en suis

LISETTE.

Monsieur si vous pouvez r'avoir vôtre promesse,
Vous pourez obtenir la main de ma maîtresse,
Aussi facilement que vous avez son cœur. ⸺

DARDIBRAS.

Ah ! c'est en quoi je mets mon souverain bonheur.

LISETTE.

Ne paroissez donc plus que dégagé d'Oronte.
Ma Maîtresse n'a pas merité qu'on l'affronte,
Elle est jeune.

DARDIBRAS
Je vais contenter vos souhaits.

Adieu.

HORTENSE.
Je ne veux plus vous quitter désormais.

DARDIBRAS.

Je vais trouver Oronte, & quoi qu'il en advienne
Retirer ma parole & lui rendre la sienne.

LISETTE.

Mais sur tout le secret.

DARDIBRAS.
Comment! vous moquez vous?

Demander du secret aux Gascons, Cadebious,
Si nous n'en avions pas, nous troublerions les
    Villes,
On n'y verroit jamais de menages tranquilles.

HORTENSE.

Vous me quittez si-tôt ?

DARDIBRAS. *à Valentin.*
Elle va bien pleurer.

LISETTE.

Non, non,

DARDIBRAS *à Lisette.*
Si mon départ va la désesperer ?

C ij

LISETTE.

Ne craignez rien.

HORTENSE.

Reſtez.

DARDIBRAS.

        A regret je vous quitte,

Mais enfin belle enfant j'en reviendrai plus vîte.

HORTENSE.

Ne tardez pas :

DARDIBRAS.

      Je vôle.... *à part.* Informons-nous

pourtant.

Si les cent mille écus ſont de l'argent comptant.

SCENE XI.

HORTENSE, LISETTE, VALENTIN.

HORTENSE.

Voilà le plus fort fait. Il eſt encore à craindre
Qu'il ne demande . . . mais nos voiſins ſçau-
    ront feindre ,
Ils ſont tous prevenus, j'ai fait prendre ce ſoin.
Mon mari doit paſſer pour mon oncle au beſoin.
Enfin j'ai ſçû prévoir juſques au moindre obſtacle,

Car duper un Gascon, au moins, c'est un miracle,
Il ne peut faire un pas, il ne peut dire un mot
Que nous ne le sçachions, on le suit. L'autre sot.

VALENTIN.

Sort de l'arriere ban. La campagne passée
Il en fût, m'a-t-on dit, la fable & la risée.
Sans esprit, toutefois il se croit beau garçon.
Il a de l'amour propre autant que le Gascon.

HORTENSE.

Tant mieux nous le tenons.

VALENTIN.

Ca rendez moi justice,
N'ai-je pas comme il faut secondé l'artifice ?
Comme vous le vouliez aidé vôtre dessein ?

HORTENSE.

Fort bien, mais concertons pour nôtre Limosin
Quel piége nous tendrons.

VALENTIN.

Ah ! le voilà je pense,
L'autre de son bonheur aura fait confidence
S'ils se sont rencontrez. Que diable dirons nous ?

HORTENSE.

Changeons de batterie.

VALENTIN.

Il vient, éloignez-vous.

✦✦✦✦✦✦✦✦✦✦✦✦✦✦✦✦
✦✦✦✦✦✦✦✦✦✦✦✦✦✦✦✦

SCENE XII.

FATIGNAC, VALENTIN, HORTENSE & LISETTE.

au fonds du Théatre.

VALENTIN. à part.

IL me paroît chagrin.
FATIGNAC.
Pefte foit du beau-pére.
Je voudrois pour beaucoup que ce fut à refaire.
VALENTIN.
Qu'avez-vous donc, Monfieur ?
FATIGNAC.
J'ai que je fuis fâché.
J'ai fait avec Oronte un fort mauvais marché.
Sa larmoyeufe Elife, & fa fombre Angélique,
Quoique jeunes, n'ont rien cependant qui me pi-
que,
Je ne les aime point, elles pleurent toûjours,
Et je n'ai jamais vû de fi triftes amours,
On difoit à Paris les filles fi joyeufes.
HORTENSE. pleurant & contre-
faifant la Veuve.

Ah !

FATIGNAC.

Qu'est-ce que j'entens? encor des pleureuses?
Je pense qu'il en pleut.

HORTENSE.

Perdre un Epoux chéri..

VALENTIN.

C'est une Veuve qui ...

FATIGNAC.

Qui n'a plus de mari?

VALENTIN.

A peu prés, on la voit se lamenter sans cesse.

FATIGNAC.

Elle est ma foi jolie avec cette tristesse.

VALENTIN.

Monsieur, je n'aime point à voir pleurer les gens;
Eloignons nous.

FATIGNAC.

Dis moi, loge-t-elle céans?

VALENTIN.

Vrayment cette maison & si grande & si belle
Est un de ses effets.

FATIGNAC.

Mais Oronte ...?

VALENTIN.

Tient d'elle

Un simple appartement.

FATIGNAC.

Eh! le crasseux:

HORTENSE. *sanglotant.*

Hélas!

Je ne te verrai plus.

FATIGNAC. *pleurant*

Ses pleurs ont tant d'appas,
Que je crois que j'en pleure.

C iiij

VALENTIN. *feignant de pleurer.*

           Et moi je fonds en larmes.

Que ce sexe fur nous a de puiffantes armes.

Ma foi fortons d'ici, pourquoi nous chagriner ?

Elle n'a que des pleurs, Monfieur, à nous donner,

Car les vingt mille francs qu'elle a de bonne rente,

Elle les garde bien.

          FATIGNAC.

          Vingt mille ?

          VALENTIN.

               Prés de trente.

Que ne les donne-t-elle à vous ou bien à moi,

On la confoleroit de bon cœur.

          FATIGNAC.

               Oüi ma foi,

Moi fur tout. Ah ! jarni fi je pouvois lui plaire.

J'ai charmé vingt gnenons fans deffein de le

     faire.

Ah ! qu'il vaudroit bien mieux à prefent...

          HORTENSE

               Cette nuit

J'ai vû ce cher Epoux qui fans ceffe me fuit,

Mais dans trop de plaifir ce fouvenir me plonge

Je veux être affligée.

          VALENTIN.

        Elle alloit dire un fonge

Auffi beau que celui de Thiefte.

         L'un des plus beaux endroits

          de la Tragedie nouvelle

          d'Atrée & Thiefte

       FATIGNAC.

            Comment ?

HORTENSE *regardant Fatignac.*

Mais ne revois-je pas cet Epoux fi charmant ?

FATIGNAC.

Elle me prend pour lui.

HORTENSE.

Voilà son air , sa grace,

C'est lui-même , c'est toy , cher Epoux que j'em-
brasse.

FATIGNAC.

Tout coup vaille , voyons jusqu'où va sa douleur,
Je veux me laisser faire , Eh ! n'ayez point de peur,
Hortense feint Je vous aime...à ce mot je pen-
de s'evanoüir, se qu'elle pâme ?
& se panche sur Lisette.

VALENTIN.

Monsieur , c'est le défunt qui trouble encor son
ame.

FATIGNAC.

Dans cette pamoison , on diroit qu'elle dort.
Que diantre vôtre veuve aimoit donc bien ce
mort ?

LISETTE.

Vous le voyez , Monsieur.

HORTENSE *le tirant rudement.*

Chere ombre reste encore,
N'échapes pas si-tôt à celle qui t'adore.

FATIGNAC.

Et je ne bouje pas , je suis trop attendry.

HORTENSE *comme en sursaut.*

Ah ! je reviens à moi , ce n'est point mon mary,

FATIGNAC.

Qu'est-ce que cela fait ?

HORTENSE.

Mais quelle ressemblance !
T'en souvient-il , Lisette ?

LISETTE.

Oüi, j'en ai fouvenance.
Mais Monfieur eft mieux fait que n'étoit vôtre
Epoux.

FATIGNAC.

Et plus beau.

HORTENSE.

Je me meurs.

VALENTIN *bas à Fatignac.*

Cela va bien pour vous.

HORTENSE.

Lifette, je me trouve en un defordre étrange.

VALENTIN. *à Fatignac, bas.*

Si la Veuve, Monfieur, pouvoit prendre le chan-
ge.
Souvenez-vous de moi.

FATIGNAC. *à Hortenfe.*

Vous avez des appas....
Eh bien...le mort eft mort...& je ne le fuis pas.
Laiffez là le deffunt, puifqu'il n'eft plus en vie.
Il ne reviendra pas, il n'en a pas d'envie.
Prenez moi je fuis vif, alerte, gai, fringant,
Mais un trépaffé laid.....

HORTENSE.

Vous lui reffemblez tant,
Que fans aller plus loin, qui que vous puiffiez
être,
Je fais vôtre fortune.

LISETTE.

Eh! quoi? fans le connoître?

FATIGNAC.

De quoi vous mêlez vous? je fuis Baron d'abord.
Quand on plaît à Madame, & qu'on reffemble au
mort,

En faut-il davantage ; & si de ma fortune
Elle veut prendre soin.

HORTENSE.
Vous êtes importune,
Quand Monsieur n'auroit pas la qualité qu'il a,
Il suffit que je l'aime.

FATIGNAC.
Il ne faut que cela.
Mais pour vous contenter, & faire mon éloge ;
Mon nom est Fatignac, & mon païs Limoge.

HORTENSE.
Qu'entens-je?

LISETTE.
Fatignac! quoi Monsieur c'est donc vous
Qui d'Angelique ici venez être l'Epoux ?
Vous vouliez nous tromper avec vôtre air si sage.

HORTENSE.
Avez-vous ce cœur là petit cruel ?

FATIGNAC.
J'enrage.

LISETTE.
Vous avez un dédit ?

FATIGNAC.
Eh bien je le payerai,
Et devant vous tantôt je le déchirerai.
Il tire le dédit Voilà toûjours celui d'Oronte ;
de sa poche. chere Veuve.
De ma sincerité faut-il une autre preuve.
Faites de ce papier tout ce qu'il vous plaira,

HORTENSE. *dédaignant de*
prendre le dédit.

Cela suffit.

LISETTE. *l'arrachant.*
Donnez, on l'examinera,

FATIGNAC.

Oh ! ça donc, c'est donc fait ?

HORTENSE.

         Eh ! oüi je vous épouse,
Dût la fille d'Oronte en devenir jalouse,
Dussent mes heritiers cent fois en enrager,
Je vous donne mon bien.

VALENTIN *bas à Fatignac.*

         Il faudra partager.

Au moins

FATIGNAC *à Valentin, bas.*

   Ah ! nous verrons.

HORTENSE.

         Que tout ceci se passe
Sans qu'on en sçache rien, épargnez moi de grace,
Epargnez ma foiblesse.

FATIGNAC.

         Allez je suis discret.
Tenez, je dis toûjours ce que je n'ai pas fait,
Ce que j'ai fait, jamais, car j'en ai fait de belles
Au moins, & dans Limoge avec des Demoiselles.
Tout le monde l'a sçu, mais je n'en ai dit rien.
Je suis des plus secrets.

HORTENSE.

         Eh ? Vous faites fort bien.

FATIGNAC.

A quoi bon divulguer les faveurs que l'on donne,
J'aimerois mieux jamais n'en donner à personne.

HORTENSE

J'entens quelqu'un, je rentre en mon appartement.
Vous viendrez m'y trouver dans le même moment,
J'envoyrai Valentin qui sçaura vous conduire.

                 SCENE

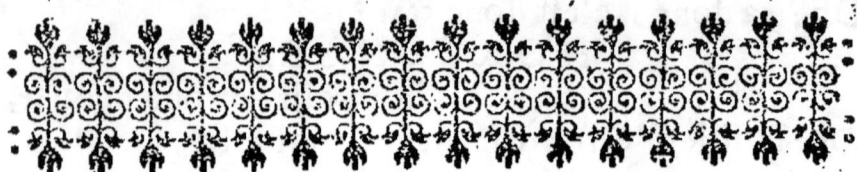

SCENE XIII.

FATIGNAC, DARDIBRAS.

FATIGNAC.

C'Eſt le Gaſcon, je vais de tout ce-ci l'in-
 ſtruire.
J'ai promis cependant de garder le ſecret,
Mais il eſt mon ami, de plus homme diſcret.

DARDIBRAS.

Ah! fortuné mortel! ah douceur ſans ſeconde!
Cher Fatignac, tu vois le plus content du monde.

FATIGNAC.

Vôtre contentement n'égale pas le mien.
Les Rois auprés de moi maintenant ne ſont rien.

DARDIBRAS.

Les Dieux portent envie à mon bonheur ſuprême,
En un mot cher ami l'on m'aime autant que j'aime.

FATIGNAC.

Et moi l'on m'aime plus que je n'aime, & pour-
 tant
J'aime beaucoup. Enfin je ſuis plus que content.
Conſoler l'affligée ....

D

DARDIBRAS.

      Enseigner l'ignorante !

FATIGNAC.

Que j'aurai de plaisir !

DARDIBRAS.

      Félicité charmante !
Une jeune Orpheline avec cent mille appas,
Avec cent mille écus se jette entre mes bras.

FATIGNAC.

Une Veuve tres belle en m'épousant m'apporte
Avec autant d'appas une somme aussi forte.

DARDIBRAS.

Que les filles d'Oronte ont de minces attraits,
Prés de la mienne !

FATIGNAC.

      Eh si les attraits ..les plus laids..

DARDIBRAS

A cet aimable enfant je vais rendre visite.

FATIGNAC.

Moi de même à ma Veuve.

DARDIBRAS.

      Adieu donc je te quitte,

FATIGNAC. *à part.*

Ne nous éloignons pas.

DARDIBRAS, *à part.*

      Bon, demeurons ici.

FATIGNAC. *à part, appercevant Hortense.*

Ah ! jarni, la voilà.

DARDIBRAS. *à part, l'appercevant aussi.*

      Cadédis, la voici.

SCENE XIV.

DARDIBRAS, FATIGNAC, HORTENSE *au fonds du Théatre.* VALENTIN.

VALENTIN *bas à Fatignac.*

Par l'escalier à gauche il vous faut monter vîte
Tout en haut, & dans peu l'on vous y rend visite.
Vôtre Veuve...

FATIGNAC.

J'entens, j'y monte promptement.

SCENE XV.

DARDIBRAS, HORTENSE, VALENTIN.

VALENTIN. *à Dardibras*

Je vous en ai défait assez adroitement.
L'Orpheline venoit, j'ai crû...

D ij

DARDIBRAS
                Je t'en rends grace.
Laisse nous.

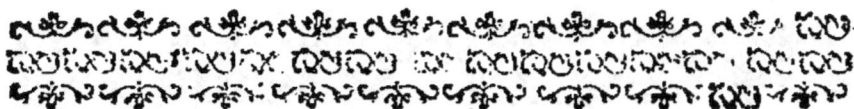

SCENE XVI.

DARDIBRAS, HORTENSE *en niaise.*

DARDIBRAS.

Maintenant que faut-il que je fasse,
Belle enfant, j'ai rompu cet important dédit,
Oronte de la somme un an me fait crédit.
J'ai donné mon billet qu'il a bien voulu prendre.
Il vouloit cependant me retenir pour gendre,
Mais enfin c'en est fait. J'ai vû vôtre Oncle aussi,

HORTENSE.
Eh ! que vous a-t-il dit ?

DARDIBRAS.
                Bon, mon neveu par ci,
Et mon neveu par là, Sa joye est sans pareille.
Ma figure & mon nom ont fait d'abord merveille.

HORTENSE.
Et comment l'avez vous rencontré ?

DARDIBRAS.
                        Par hazard.
Des gens me l'ont montré. Peste c'est un gaillard.

Il est tout jeune encor. Cependant de sa vie
Il ne veut prendre femme, il n'en a point d'envie
Il nous laisse son bien jusqu'au dernier denier.

SCENE XVII.

DARDIBRAS, FATIGNAC, HORTENSE.

FATIGNAC *essouflé*.

Valentin est plaisant il m'envoye au grenier,
Appercevant Hortense & Dardibras.
Mais que vois-je ?

DARDIBRAS.

Tu vois l'adorable orpheline,
Ami, que mon bonheur aujourd'hui me destine.

FATIGNAC.

C'est ma veuve.

DARDIBRAS.

Ta veuve

FATIGNAC.

Eh oüi vraïement ce l'est.

DARDIBRAS.

Parce qu'elle est en deüil ? peste soit du Benêt.

FATIGNAC.

Je ne suis point benêt, c'est ma veuve elle même.

D iij

DARDIBRAS.

Seroit-il bien possible, & que par stratagême....
Pour rompre les dédits.... ah! quelle trahison.
Vous osez à vôtre âge atraper un Gascon,

FATIGNAC.

Bien plus un Limosin.

DARDIBRAS.

Ah! quelle perfidie.

HORTENSE *riant.*

Ah! ah! ah!

DARDIBRAS.

Vous riez animal amphibie

Etes vous fille?

HORTENSE *riant.*

Point.

DARDIBRAS.

Etes vous veuve?

HORTENSE *riant.*

Non.

FATIGNAC.

Ni l'un ni l'autre?

HORTENSE *le contrefaisant.*

Eh! non.

DARDIBRAS.

Qui donc êtes vous donc?

De Monsieur ou de moi vous trahissez la flame.

HORTENSE.

Peut-être de tous deux.

FATIGNAC.

Comment?

SCENE XVIII.

DARDIBRAS, FATIGNAC, HORTENSE, LISIMON.

LISIMON.

Bonjour ma femme,

DARDIBRAS.

En voici bien d'un autre !

HORTENSE.

Ah ! mon mari c'eſt vous ?

DARDIBRAS.

Il étoit tantôt l'oncle , à preſent c'eſt l'Epoux !
Et fille , & veuve , & femme , & Diable qui t'em-
    porte ,
Viſage a-t-il jamais changé de cette ſorte.
Innocente , affligée , enjouée , eſt-ce aſſez ?

* * *

SCENE DERNIERE.

ORONTE, LISIMON, DORANTE,
PHILIDOR, HORTENSE,
LISETTE, DARDIBRAS,
FATIGNAC, VALENTIN,
ELISE, ANGELIQUE.

DARDIBRAS *à Oronte.*

AH ! beau-pere futur.
            ORONTE.
                    Ah ! mes gendres paffez.
        FATIGNAC *à Oronte.*
Vous êtiez donc auffi vous de leur manigance?
            DARDIBRAS.
Dans peu nous en fçaurons marquer nôtre ven-
    geance.
    HORTENSE *à Dardibras & à Fatignac.*
Ne vous fâchez point tant, Meffieurs, il eft
    permis,
Contre tous en tout rems de fervir fes amis,
    Montrant Philidor & Dorante.
Ces Meffieurs font les miens, ils aiment mes cou-
    fines,
            DARDIBRAS.
Fort bien, beau pere, époux, amis, voifins,
    Voifines.
Nous trompoient ; qui payera ?...

ORONTE.

Je vous rends vos écrits,
Et vous fais reconduire où je vous avois pris,
à mes frais & dépens.

DARDIBRAS.

J'y consens avec joye.
Et ne crois pas qu'ici de long-tems on me voye.
Je retourne au païs.

VALENTIN.

Je vous y conduirai
Monseigneur Dardibras.

DARDIBRAS.

Je te retrouverai
Quelque part.

FATIGNAC.

Ah ! Coquin si tu viens à Limoge.

VALENTIN.

Monsieur, en arrivant c'est chez vous que je loge.

DARDIBRAS *à Philidor & à Dorante.*

Adioucias, Messieurs les fortunez Epoux,
Les femmes de Paris en sçavent trop pour nous.

FATIGNAC.

C'est bien dit, moi je vais dans l'un de nos villages
Planter des choux. Adieu la femme aux trois vi-
sages.

ORONTE *à Philidor & à Dorante.*

Messieurs, sans compliment, mes filles sont à vous.
Je vous les donne, Entrons, & rejoüissons-nous.

FIN.

PERMISSION.

PErmis d'imprimer. Ce 5. Juin 1707. M. R. DE VOYER DARGENSON.